# Garten Moorriem

Ulmer

# Garten Moorriem

Ein Spaziergang zwischen
Rittersporn und Wiesenknopf

Gartenbeschreibung und Fotografie
Albrecht Ziburski

# Der Beginn des Weges

Die Geschichte des Garten Moorriems beginnt im Juni 2006. Wir, meine Frau und ich, hatten in der Wesermarsch, nahe Oldenburg, einen geeigneten Platz gefunden, um unseren Traum von einem großen Garten zu verwirklichen. Ein Grundstück mit wunderbarem Gartenboden von einem Hektar Größe um ein knapp 300 Jahre altes Bauernhaus. Den Garten haben wir „Garten Moorriem" genannt. Moorriem, weil so die Landschaft und die Gemeinde herum heißen.

Moorriem ist ein Landstrich, der 20 Kilometer lang in einem Halbkreis der Hunte und der Weser folgt. Die Flüsse haben hier mit ihren Überschwemmungen über Jahrtausende einen fruchtbaren, lehmigen Boden bereitet, der immer wieder dicke Torfschichten überlagert. Im Osten, nahe der Hunte, überwiegen die fetten Flussmarschböden. Im Westen werden die Böden lockerer und gehen nach wenigen Kilometern in reine Moorgebiete über.

Moorriem ist seit ewigen Zeiten Kulturland. Seit dem 12. und 13. Jahrhundert wird das Land mit einem System von Gräben und Sielzügen trockengelegt und für die Besiedlung erschlossen. Die Dörfer Moorriems sind typische Marsch- und Moorhufendörfer. Mit Höfen, die dicht beieinander in einer Reihe liegen. Alle mit der gleichen Ost-West-Ausrichtung und mit unglaublich schmalen und langen Ländereien. Manche dieser Hofstellen sind acht Kilometer lang und dabei weniger als 20 Meter breit. Noch heute sind die langen Streifen aus Gräben und Sielen deutlich in der Landschaft zu erkennen – wie der Name Moorriem schon sagt Riemen, die kilometerlang von der Marsch in das Moor reichen.

„Lug ins Land“

Wiesengarten

Waldgarten und Graben

N

Spätsommergarten

Junigarten

Obstgarten

Haus

Moorriem besteht aus dreizehn einzelnen Dörfern. Insgesamt fast 120 Bauernhäuser mit ihren tief heruntergezogenen Reetdächern und dem typischen weißen Fachwerk stehen hier unter Denkmalschutz. Die ältesten und kleinsten von ihnen wurden im 16. Jahrhundert gebaut. Viele andere sind niedersächsische Hallenhäuser auf mächtigen Eichenstämmen, die aus dem 18. Jahrhundert stammen. So auch unser Haus. Im 18. und 19. Jahrhundert genossen die Bauern Moorriems auf ihren fruchtbaren Böden einen beachtlichen Wohlstand, der in den verzierten Giebelfronten der Häuser zum Ausdruck kommt. Zum Ende des 19. Jahrhunderts bauten einige Bauern sogar villenartige Wohnhäuser mit verputztem Mauerwerk, Veranda und Freitreppe auf ihre Höfe.

In dieser Zeit entwickelte sich in Moorriem eine Gartenkultur, die bis heute den Charakter der Höfe und der Dörfer prägt. Obstbäume wurden ein Element der Gartengestaltung. Nahe an den Hausgiebeln pflanzte man sie in gepflegte Rasenflächen, legte Rundwege zum Spazieren an und platzierte Blumen- und Buchsbaumbeete wie Inseln im Garten. Es waren landschaftliche Gärten nach englischem Geschmack oder Biedermeiergärten auf dem Lande. Diese Gärten in Moorriem waren, wenn man von der Apfel- und Birnenernte absieht, alles andere als nützlich. Es waren Prestigegärten, in die man die Nachbarn und die Verwandtschaft zum sonntäglichen Besuch, zur Visite, einladen konnte. Unser Garten Moorriem existiert auch heute nicht von all dem isoliert. Er ist ein Teil der Landschaft und ist eingebettet in die Geschichte und Tradition Moorriems. Er verbindet das Haus und die Landschaft.

Das Ziel unserer Gartenarbeit ist es, diese objektiven Gegebenheiten im Garten, aber auch ganz persönliche Wahrnehmungen, Vorstellungen und Deutungen zu einer Gartenstimmung zu vereinen, den Garten damit in die Stimmung des Ortes einzubetten und ihm ein harmonisches Gleichgewicht mit seiner Umgebung zu geben.

*harmonisches Gleichgewicht*

Das alte Bauernhaus und die Blicke, die sich vom Garten in
die weite, flache Wiesenlandschaft Moorriems bieten, sind die
Ankerpunkte, an denen sich unsere Gartenplanung von Anfang
an orientierte. So ist es selbstverständlich, dass der Garten nahe
am Haus eher traditionell geprägt ist und wir uns in den ent-
fernteren Teilen mehr Freiheiten für eine natürliche Gestaltung
nehmen. Keine andere grundsätzliche Idee zur Gartengestaltung könnte der Stimmung, der Aura des Ortes, dem *Genius
loci*, sonst gerecht werden. Die Stimmung des Ortes wird daneben aber auch von weniger offensichtlichen und oft individuell
sehr unterschiedlich wahrgenommenen Faktoren bestimmt.
Der Garten kann etwa mit kleineren Räumen, Hecken und dem
immer gegenwärtigen Ausblick auf den Hausgiebel das subjek-
tive Gefühl der Geborgenheit vermitteln. Mit einzelnen, sehr
bekannten und beliebten Pflanzen wie Rittersporn und Rosen,
mit alten Obstbäumen und einfachen klaren Formen wird ein
Gefühl der Vertrautheit hervorgerufen. Bei dem einen oder
anderen werden Erinnerungen an den Bauerngarten der Kind-
heit wach. Auf der anderen Seite wecken großflächige Gar-
tenteile, große Beete mit geschwungenen Formen, flächige
Pflanzungen mit wenigen verschiedenen Staudensorten und
eine Auswahl von Pflanzen, die bisher weniger aus Gärten als
aus natürlichen Pflanzengemeinschaften bekannt sind, Asso-
ziationen von Natur, Großzügigkeit und Freiheit.

Es gibt seltene, ganz besondere Momente im Garten. Perfekte Momente, für die man mitunter viel gearbeitet und lange geplant hat oder die ganz zufällig passieren. Vielleicht eine besonders gelungene Staudenkombination oder nur eine Mohnblüte, die dem ganzen Beet einen unwiderstehlichen Blickpunkt gibt. Es kann der Augenblick sein, in dem jeder einzelne Sonnenstrahl durch den Morgennebel über dem Garten sichtbar wird. Wind, der die Gräser in den Beeten synchron wie in einem Weizenfeld bewegt, und die abziehende Gewitterfront, die noch für ein paar Minuten dem Garten einen schwarzen Hintergrund gibt. In solchen Momenten verdichtet sich die Stimmung des Gartens. Stimmungen, auch wenn es nur flüchtige Augenblicke sind, scheinen zeitlos. Man kann diese Momente nicht festhalten. Aber man kann sie mit der Gartenfotografie dokumentieren. Die Fotografie im Garten ist unser Mittel, die Stimmung des Ortes, den Genius des Gartens, zu verstehen und anderen weiterzugeben.

Wir haben für unsere Gartenideen große Vorbilder. Von Alfred Lichtwark (um 1900 in Hamburg einer der Wegbereiter einer neuen Gartenkultur) haben wir die einfache geometrische Gliederung, die perspektivische Wirkung, die mit einer langen, geraden Blickachse durch den Garten zu erreichen ist, übernommen und damit den hausnahen Gartenteilen ihre Form gegeben. Auch die altbekannten, manchmal altmodischen Stauden, die Bauern- und Pastorenblumen, wie Lichtwark sie nannte, kommen nahe am Haus zum Einsatz. Bei Piet Oudolf, dem niederländischen Gärtner und Gartendesigner unserer Zeit, haben wir gesehen, welch ein großartiges Mittel neue, naturnahe Stauden und Gräser zur Gartengestaltung sind. Und wie durch sie eine harmonische Beziehung zwischen dem Garten und der Landschaft jenseits der Gartengrenzen entstehen kann.

Die wichtigsten Grundlagen für die Gartengestaltung in Moorriem sind jedoch die zahllosen Gartenbesuche in Deutschland, Großbritannien, den Niederlanden und im Norden Frankreichs. Fünfzehn Jahre vor unserem ersten Spatenstich im Garten Moorriem haben wir auf Gartenreisen damit begonnen, einen Schatz an Erkenntnissen und Inspirationen zu sammeln, aus denen der Garten Moorriem erwachsen ist.

Viel Vergnügen beim Spaziergang durch unseren Garten!
Ute & Albrecht Ziburski

Moorriems Grenze im Osten: Die Hunte.

Moorriem aus der Vogelperspektive. Die Häuser und Dörfer liegen
in einer langen Reihe. Man erkennt, senkrecht dazu, die langezogenen
Streifen der Höfe noch am Verlauf der Gräben.

Das „Staatshus" lässt den Wohlstand der Moorriemer Bauern
um 1900 erkennen. Das Land vor dem Hof ist Grünland oder Kälber-
weide, jedenfalls kein Garten.

# Am Haus entlang zur Obstbaumwiese

Die Höfe Moorriems liegen etwa 100 Meter von der Straße entfernt. Trotzdem gibt es keine Vorgärten. Der Platz zwischen Hof und Straße bleibt grün. Der Garten beginnt erst hinter der Gartenpforte und bleibt damit normalerweise uneinsehbar und privat. Ein schmaler Weg führt zunächst am Haus entlang und wird unter dem Überstand der Reetdächer von den ersten, meist aufwendig gestalteten Beeten begleitet. Diese Beete sind das Entree und die Visitenkarte des Gartens. Ein langer Wirtschaftsweg führt von hier außerhalb des eigentlichen Gartens bis in die entferntesten Teile des Anwesens. In früheren Zeiten waren das auf unserem Hof fünf Kilometer. Heute sind es etwa 150 Meter. Der Boden hier ist über Jahrhunderte festgefahren und nicht für die Gartenarbeit zu gebrauchen. Allein das Grabenufer entlang dieses Weges wird für den großen Auftritt von tausenden Narzissen im Frühling genutzt. Ein wahres Schauspiel!

Zwei alte Obstbäume stehen vor dem Hausgiebel auf der Gartenseite. Überbleibsel eines Gartens lange vor unserer Zeit in Moorriem. Der Garten wird so ausgesehen haben, wie heute noch die ältesten Gärten in Moorriem aussehen. Mit den Obstbäumen nahe am Haus, mit einer Rasenfläche und inselartigen, von Buchsbaum umrandeten Beeten dazwischen. Diese Vorlage haben wir übernommen. Die Baumscheiben sind mit Buchsbaum bepflanzt und die Inselbeete im Rasen mit verschiedenen alten Rosen. Dazu wachsen die Ramblerrosen 'Lykkefund' und 'Veilchenblau' in den Bäumen empor.

Wie bei vielen alten Häusern in Moorriem steht ein alter, schiefer Birnbaum vor dem Wohngiebel. Vielleicht ist es die 'Bremer Butterbirne'.

Es ist eine Herausforderung, unter dem Dachüberstand etwas wachsen zu lassen.
Für die Quader aus Buchsbaum (Sorte 'Elegantissima') ist es nicht zu trocken.
Zwischen den Steinfugen haben wir einfache Pflanzen angesiedelt, die sich leicht
aussäen und jede Trockenheit vertragen: Das mexikanische Gänseblümchen
*Erigeron karvinskianus*, weiße Spornblumen und das Federgras *Stipa tenuissima*.

Das Beet unter dem Dachüberstand auf der Giebelseite entspricht mit Rosen und Buchsbaum den Erwartungen. Die Ansicht des Hauses, Fachwerk und Klinkersteine, sollen nicht durch viele Blumen und bunte Farben in ihrer Wirkung beeinträchtigt werden. Die mächtige Kaskadenrose, eine Ramblerrose mit langen biegsamen Trieben auf einem Hochstamm, ist die über und über blühende Sorte 'Frau Eva Schubert'.

Ein paar Kopfweiden stehen am Grabenrand zum langen Wirtschaftsweg. Darunter haben wir Narzissen gesetzt. Der fette Boden ist ideal für sie und die Zwiebeln sind so giftig, dass die Mäuse sie in Ruhe lassen. Das Gras am Graben können wir wachsen lassen. Hier stört es nicht, und die Narzissen bekommen so die Zeit, die sie brauchen, um nach der Blüte einzuziehen.

Wir haben zwei verschiedene Narzissen-Sorten gemischt: 'Carlton' in Gelb und 'Ice Follies' in Weiß. Die Blütezeiten der beiden Sorten sind ein wenig versetzt, sodass die Narzissenblüte am Graben weiß beginnt und dann mit jedem Tag etwas gelber wird.

Eine lange Achse verbindet den Rasen und die Obstbäume vor dem Haus mit dem Blumen- und Staudengarten weiter hinten. Ein langer, gerader Weg durch die Mitte eines Gartens ist ein tragendes Element alter Gärten. Da diese Achse bei uns in Richtung Westen läuft, ergeben sich an Sommernachmittagen schöne Gegenlichtstimmungen und eine besonders tiefe Raumwirkung.

Die Rosenbeete sind in der zweiten Juni-
hälfte die Attraktion der Obstbaumwiese.
Wie in den „Pleasuregrounds" landschaft-
licher Gärten nach englischem Geschmack,
sind sie als Inseln in der Rasenfläche an-
gelegt. Zur Bepflanzung haben wir robuste
Strauchrosen gewählt: Die beiden *Gallica*-
Rosen, *Rosa* 'Versicolor' und *Rosa* 'Tuscany',
sind seit vielen Jahrhunderten heimisch
in unseren Gärten.

Rosen vor uralten Apfelbäumen:
*Rosa* 'Charles de Mills' und *Rosa*
'Ghislaine de Féligonde'. Die un-
aufdringlichen gelbgrünen Blütenwolken des Frauenmantels sind
eine einfache und perfekte Unter-
pflanzung für die Strauchrosen.

# Farbenharmonie im Junigarten

Obstbaumwiese und Junigarten sind gemeinsam zu überschauen und bilden somit auf den ersten Blick eine Einheit. Der Junigarten ist der erste Bereich im Garten, in dem üppig blühende Staudenkombinationen die tragende Rolle spielen. Stauden für den frühen Sommer und Staudenkombinationen in harmonischen kühlen Farben bestimmen das Bild.

Der Ursprung eines solchen künstlerischen Umganges mit Farben liegt in den englischen Cottage Gärten des 20. Jahrhunderts. Es ist ein Gartentrend, der für die bunten Bauerngärten Deutschlands nicht unbedingt typisch ist. Um trotzdem die harmonische Stimmung zum Haus zu bewahren, kommen im Junigarten die traditionellen „Bauern- und Pastorenblumen" zum Einsatz. Prachtstauden, die vertraut und beliebt sind, wie Rittersporn, Storchschnabel und Pfingstrosen. Stauden, die jedermann mit einem Bauerngarten in Verbindung bringt.

Keine Staude bringt blaue Farbtöne schöner in den Garten als der Rittersporn. Und keine passt besser in die Stimmung alter Gärten auf dem Lande. Deshalb sind die verschiedensten Rittersporne – alte Sorten von Karl Foerster, unsere eigenen Sämlinge und auch neue gefüllte Sorten – im Junigarten unverzichtbar. Sie sind mit ihrem klaren Blau der Ankerpunkt für die Staudenkombinationen im Junigarten.

Durch die Mitte des Junigartens führt ein Kiesweg mit einem Rautenmuster aus Pflasterklinkersteinen und einem Schleifstein. Im nordenglischen Garten „York Gate" sind die Vorbilder für diesen Weg zu finden. Frauenmantel, Wiesen-Storchschnabel und *Iris barbata-elatior* 'Provencal' blühen hier in den ersten Junitagen.

Es ist ein sehr ruhig wirkendes Farbschema mit kühlen Pastellfarben und subtilen Farb-
abstufungen im Junigarten. Damit dies zur Geltung kommen kann, muss das Licht
zur Betrachtung stimmen. Grelles Sonnenlicht zerstört die Wirkung. Bei bewölktem Wetter,
auch gerne mit leichtem Regen, sind die Farben in all ihren Nuancen erst richtig zu erkennen.
Und am schönsten ist es, wenn noch Morgendunst und Tau über dem Junigarten liegt.

Neben dem kühlen Farbschema
spielt der Charakter der Stauden
im Junigarten eine große Rolle.
Es sollen altbekannte Stauden
sein. Bauern- und Pastorenblumen
wurden sie vor 100 Jahren genannt. Neben den Ritterspornen
sind das Pfingstrosen, verschiedene Katzenminzen (hier *Nepeta
sibirica*) und Geranium, die Bach-
Kratzdistel *Cirsium rivulare*
'Atropurpureum' und die Dreiblatt-
spiere *Gillenia trifoliata* mit ihren
kleinen weißen Blütensternen.

harmonischen, kühlen Farben

Ausgesäter Schlaf-Mohn, mal mit einfachen Blüten, mal dicht gefüllt, mal verwaschen grauviolett und daneben leuchtend dunkelrot. Wir überlassen gerne dem Zufall die Auswahl der Farben und sind dankbar für eine Pflanze, die nach der Rittersporn- und Rosenblüte viel mehr als nur ein Lückenfüller ist.

Prachtstauden, wie man sie in alten Gärten erwarten darf: Rittersporn-Sorten wie *Delphinium* 'Ouvertüre' und 'Finsteraarhorn' von Karl Foerster, Bach-Kratzdistel *Cirsium rivulare* 'Atropurpureum', die Chinesische Pfingstrose *Paeonia lactiflora* 'Bowl of Beauty' und der Wiesenstorchschnabel 'Mrs Kendall Clark'.

Kleinblütig, gut gefüllt, intensiv duftend und immer wieder nachblühend sind die *Moschata*-Rosen, die Pastor Pemberton zum Beginn des 20. Jahrhunderts in England gezüchtet hat. Unsere Sorten 'Felicia' (im Bild rechts) und 'Danae' bringen mit ihren Pastelltönen zwischen Rosa , Weiß und Gelb altmodischen Charme in den Junigarten.

# Blütenfeuerwerk im

Der an den Junigarten anschließende Spätsommergarten ist über die zentrale Achse des
Gartens auch von weitem einsehbar und hat
damit eine Verbindung zu den beiden vorherigen Gartenteilen. Durch höhere Hecken
wird, wenn man den Sommergarten einmal
betreten hat, aber der Eindruck eines eigenen
Gartenraumes erzielt. Eine große Esskastanie
(*Castanea sativa*) beherrscht den Spätsommergarten, und ein gepflasterter Sitzplatz, fast
eine intime Laube, bietet einen Ruhepunkt
zum Verweilen.

Die Pflanzensorten im Spätsommergarten
sind so ausgewählt, dass der Blütenhöhepunkt
im Juli und August erreicht wird. Das Farbschema setzt dabei den Kontrapunkt zum harmonischen Junigarten. Hier überwiegen rote
und gelbe Farben. Starke Kontraste in Blau-
Gelb bzw. Violett-Orange bauen Spannung in
den Staudenkombinationen auf und sprühen
geradezu vor Energie.

Die Farben des Feuers: Gelb
(*Heliopsis helianthoides* var.
*scabra* 'Venus'), Orange (*Dahlia*
'David Howard') und Rot (*Crocosmia* × *crocosmiiflora* 'Lucifer').

# Spätsommergarten

Das Farbschema im Sommergarten beruht auf warmen Farben und starken Kontrasten. Hinzu kommt die überbordende Fülle, ein mitunter sogar aufdringliches Übermaß an Blüten – was man unserer Meinung nach im späten Sommer eher tolerieren kann als im Juni. Die geraden Beetgrenzen und die einfache,

gewohnte Höhenstaffelung in den Beeten – also, die Kleinen
nach vorne, die Großen nach hinten – beruhen auf alten Traditionen
des Staudengartens. Insgesamt gibt das den Gartenteilen,
von denen aus das Haus zu sehen ist, eine zum Haus passende
Stimmung.

Das Gegenteil von harmonischen Farben sind Kontraste. Zwischen Hell und Dunkel, zwischen Gelb und Blau oder Orange und Violett. Oder, was in der Praxis der Beet-gestaltung die Regel ist, es sind Kontraste zwischen drei und mehr Farben. Hier mit der Wiesen-Scharf-garbe *Achillea millefolium* 'Terra-cotta', *Dahlia* 'Tam Tam' und *Aster × frikartii* 'Mönch'.

Taglilie *Hemerocallis* 'Spectacular'.

Inkalilie *Alstroemeria aurea*
'Orange King'.

Der Rosenbogen, den die Kletter-
rose 'Guinée' erobert hat, ist der
Rahmen für den Blick zum Haus.
Die gepflasterten Wege aus alten
Klinkersteinen im Spätsommer-
garten bestärken zudem diese
Einheit von Haus und Garten.

# Durch den Wald und über die Gräben

Die lange Blickachse durch den Garten endet mit der Hecke des Spätsommergartens. Im hinteren Bereich unseres Grundstückes, und auch der Nachbargrundstücke, sind wild ausgesäte Eichen, Weiden und Eschen zu großen Bäumen herangewachsen. Sie bilden zum einen einen willkommenen Windschutz, zum anderen geben sie dem Garten eine mächtige Kulisse und erlaubten uns, unter ihren Kronen einen kleinen Waldgarten anzulegen. Wir haben hier weiß blühende Sträucher gepflanzt: Stern-Magnolien und verschiedene Schneeball-Arten für den Frühling, Eichenblatt- und Rispen-Hortensien für den späteren Sommer.

Gräben sind die natürlichen und jahrhundertealten Grenzen der Höfe Moorriems. Sie sind noch heute notwendig, um den Wasserstand zu regulieren. Mit den Gräben haben wir natürliches Wasser im Garten und die Möglichkeit, Ufer auf mehr als 100 Metern Länge zu bepflanzen.

Mitte Mai ist es im Waldgarten am schönsten. Zu den blühenden Schneebällen kommen die verschiedenen Blattformen der Rodgersien und Farne (*Rodgersia podophylla* 'Rotlaub', *R.* 'Die Anmutige', *Dryopteris affinis*) sowie die schwarzen Fiederblätter und weißen Blütenwolken des Wiesen-Kerbels *Anthriscus sylvestris* 'Ravenswing'.

Im Morgennebel bilden die Stämme und Äste der großen Eschen an
der Grundstücksgrenze eine passende Kulisse für den kleinen Waldgarten. Zwischen den Bodendeckern duftet und leuchtet eine Insel aus
blauen Blüten des Wald-Phlox, *Phlox divaricata* 'Clouds of Perfume'.

Die Punktierte Glockenblume *Campanula punctata* 'Elizabeth' wuchert stark und das ist gut so. Sie bekommt den Platz dafür und kann einen vor langer Zeit umgefallenen Baumstamm überwachsen.

Der lehmige Boden ist ideal für die meisten Päonien. *Paeonia emodii* 'Late Windflower' ist eine der Lieblingspflanzen in unserem Garten. Der Austrieb ist ein Schauspiel in allen Farben von frischem Grün bis Rotbraun. Die Knospen wachsen geschützt in einem Nest von feinen Hochblättern. Sie haben schon eine perfekte Form, wenn sie an langen Blütenstielen empor- wachsen. Und die schneeweißen Blüten sind über zwei Wochen Mitte Mai schlichtweg der Inbegriff der Eleganz.

Die Uferbepflanzung entlang der Gräben soll natürlich wirken und üppig sein. Den frischen, grünen Blättern von Frauenmantel, verschiedenen Rodgersien, der Roten Engelwurz *Angelica gigas, Iris orientalis* und Straußenfarn stehen auf der rechten Seite die heimische *Iris pseudacorus* und die dunkellaubige *Lysimachia ciliata* 'Firecracker' gegenüber.

Eine Brücke, die wir aus alten Dachbalken und Dachlatten gebaut haben,
führt über den Graben und in den zweiten großen Teil des Gartens. Von der
Brücke aus hat man zum ersten Mal einen Blick auf diesen Gartenteil und
für die, die den Garten zum ersten Mal sehen, kommt das überraschend.

# Landschaft und Wiesen im Blick

Im letzten Teil des Gartens Moorriem ist nicht mehr das Haus der Bezugspunkt, sondern der Blick in die Wiesenlandschaft. Damit unterscheidet sich dieser Gartenteil wesentlich von den vorherigen. Unter den Stauden des Wiesengartens finden sich kaum die altbekannten Zuchtsorten, sondern moderne Stauden mit naturnaher Wirkung: Viele Gräser, einige Doldenblütler und Pflanzen aus Gattungen, die von Wiesen- und Prärievegetationen bekannt sind, wie Mädesüß, Wiesenknopf, Wiesenraute, Sonnenbraut und Sonnenhut.

Im Wiesengarten gibt es keine geraden Linien. Die Beetgrenzen sind geschwungen, die Beete selbst manchmal sehr breit. Kleinere Wege führen hindurch, sodass man nicht nur vor den Pflanzen steht und sie betrachtet, sondern unmittelbar durch großflächige Pflanzungen und sehr hohe Staudengruppen hindurchgehen und diese erleben kann.

Einige wenige, in der Struktur markante Pflanzen, wie der Ziest *Stachys officinalis* 'Hummelo', der Arzneiehrenpreis (*Veronicastrum*) und das Reitgras (*Calamagrostis*), tauchen in allen Beeten des Wiesengartens auf. Sie geben dem Ganzen einen Zusammenhalt. Die übrigen Stauden sind um die in großer Zahl vorkommenden Leitpflanzen gruppiert. Auf kleineren Flächen sind das Gräser wie das Prärie-Fallsamengras *Sporobolus heterolepis* und das Blaue Pfeifengras *Molinia caerulea* 'Edith Dudszus'. Auf größeren Flächen sind es die Sonnenbräute (*Helenium*) und die Scheinsonnenhüte (*Echinacea*).

Der Wiesengarten ist ein einziger Gartenraum. 3000 m² groß und mit einem Blick zu überschauen. Es gibt hier nicht die mit Hecken abetrennten Gartenzimmer für einzelne Gartenideen. Lichtstimmungen kommen gerade wegen der Größe dieses Gartenraumes besonders gut zur Geltung.

Die beiden Pflanzengruppen, *Helenium* und *Echinacea,* getrennt auf der rechten und der linken Gartenseite, geben dem Wiesengarten ein klassisches Farbschema. Die warmen Farben in den *Helenium*-Beeten sind den kühlen Farben um die Echinaceen gegenüber gesetzt. Für uns haben in diesem naturnahen Gartenteil, neben den Formen und Strukturen der Pflanzen, die künstlerischen Farbkombinationen einen hohen Stellenwert.

Der naturnahe Gartenteil ist keine Wildnis und kein sich selbst überlassener Garten. Der Eindruck eines gepflegten Gartens soll die Natürlichkeit überwiegen. Dazu ist es notwendig, dass das gewünschte Gleichgewicht erhalten bleibt und wuchernde Pflanzen sowie die Aussaat ständig kontrolliert werden. Der Pflegeaufwand, um einen leichten natürlichen Eindruck zu erzielen und über die Saison zu erhalten, ist erheblich.

Im Wiesengarten gibt es auch Bezüge zu Elementen ländlicher Gärten des 19. Jahrhunderts. Neben einer Laube aus einer halbrunden Buchenhecke, gibt es am Ende des Gartens den „Berg", auch „Lug ins Land" genannt, der, obwohl gerade mal einen Meter hoch, eine neue Sicht auf den Wiesengarten und einen Ausblick in die umgebende Landschaft eröffnet.

Das Mädesüß *Filipendula ulmaria* ist eine der häufigsten Pflanzen an den Gräben Moorriems. Im Garten harmoniert die weiß panaschierte Form mit der Taglilie 'Frans Hals'.

Der Nickende Lauch *Allium cernuum* wird seinem Namen gerecht.

Es passiert oft, dass sich Nebel über den Wiesen bildet und morgens
in den Garten zieht. Die Stimmung der Wiesenlandschaft ist mit dem
Morgennebel besonders intensiv.

Kleine versteckte Wege führen durch sehr hohe Staudengruppen: Prärie-Mädesüß *Filipendula rubra* 'Venusta', eine Staude, die in Amerika als die Königin der Prärie bekannt ist, Purpurdost *Eupatorium fistulosum* 'Atropurpureum', Silber-

Chinaschilf *Miscanthus sinensis* 'Malepartus' und 'Ferner Osten', Knollen-Brandkraut *Phlomis tuberosa* 'Amazone', Scheinaster *Vernonia arkansana* 'Mammuth', Blut-Weiderich *Lythrum salicaria*, Arzneiehrenpreis *Veronicastrum virginicum* 'Diana',

Lanzen-Verbene *Verbena hastata*, China-Beifuß
*Artemisia lactiflora* 'Elfenbein', Weidenröschen
*Epilobium angustifolium* 'Stahl Rose' und der
Gewöhnliche Wasserdost, *Eupatorium cannabinum*
'Plenum'.

Transparenz ist ein wesentliches Gestaltungsmittel im Wiesengarten. Gräser spielen dafür eine besondere Rolle. Man sieht durch sie hindurch, ahnt, was hinter ihnen ist und wird neugierig. Zu transparenten Gräsern präsentieren wir gerne besondere Pflanzen, wie *Lobelia* 'Eulalia Beridge' mit dem Blauen Pfeifengras *Molinia caerulea* 'Edith Dudszus' (oben) und *Dahlia* 'Dark Desire' mit dem Fallsamengras *Sporobolus heterolepis* (unten).

Nicht nur Gräser, auch Stauden können eine gute transparente Wirkung haben. Wie der Wiesenknopf *Sanguisorba officinalis* 'Tanna'. Die besondere Pflanze dazu ist die Schmetterlings-Gladiole *Gladiolus papilio* 'Ruby'. Erst wenn man diese Kombination etwas länger betrachtet, erkennt man die Pointe, die Übereinstimmung in Farbe und Form der Gladiolen-Knospen und der Blütenköpfchen des Wiesenknopfes.

An jeder einzelnen Pflanze, jeder Blüte, sammeln sich die Tautropfen und glitzern in den Sonnenstrahlen. Es sind für sich genommen keine besonders auffallenden Pflanzen, keine großen, farbigen Blüten, wie bei den traditionellen Prachtstauden, sondern Pflanzen mit unendlich vielen, winzig kleinen Blüten in zarten Farben: Arzneiehrenpreis *Veronicastrum virginicum* 'Diana', Lanzen-Verbene *Verbena hastata* 'Rosea', Prärie-Mädesüß *Filipendula rubra* 'Venusta', *Phlox paniculata* 'Kirmesländer'.

Das Weidenröschen *Epilobium angustifolium* 'Stahl Rose' mit purpurnen Knospen und blassrosa Blüten wächst in einem Teil der naturnahen Rabatte. Für sich ist die Pflanze und die einzelne Blüte wunderschön. Aber das Weidenröschen hat in der Natur eine Strategie zur Ausbreitung, die es allgemein als Gartenpflanze disqualifiziert. Es wuchert hemmungslos mit meterlangen Ausläufern. Nichts ist in der traditionellen Beetgestaltung unbeliebter als solche wuchernden Pflanzen. In der Wiesenrabatte allerdings webt sich das Weidenröschen mit seinen Ausläufern zwischen andere hohe Stauden und Gräser und sorgt für eine Natürlichkeit, in der nicht nur die einzelne Pflanze wahrgenommen wird, sondern die gesamte verwobene Pflanzengesellschaft der Rabatte eine Einheit ist.

Auch wenn es einfach und selbstverständlich aussieht – das Gleichgewicht zwischen der Illusion der Natürlichkeit und ästhetischer Wirkung im Garten ist nur mit ständiger Pflege und präziser Pflanzenkenntnis zu erhalten. Wenn man das akzeptiert, sind die neuen Gartenstauden ein großartiges Mittel, um den Garten in eine harmonische Beziehung zur Landschaft zu stellen.

Sonnenbräute so weit das Auge reicht (siehe auch Seite 8/9). Die Far-
bigkeit ist ein Aspekt im Wiesengarten, den wir stärker als andere, die
sich mit naturnahen Stauden beschäftigen, berücksichtigen. Es sind
nicht so sehr die Farben der einzelnen Blüten oder  Farbkombinationen
verschiedener Stauden, sondern große Farbflächen aus vielen einzelnen Blüten. Um dieses Ziel in den Beeten des Wiesengartens zu erreichen, dominieren hier Leitpflanzen wie *Rudbeckia* und *Helenium*, deren
Blüte im Juli und August ein einziger Farbenrausch ist.

*Helenium* 'Flammenrad'
und *H.* 'Rauchtopas'.

*Helenium*
'Flammenrad'.

Gegensätze in Formen und Farben. Die markanten Kerzen der Fackellilie
*Kniphofia* 'Percy's Pride' zwischen den diffusen Gräsern *Panicum virgatum*
'Hänse Herms' und *Imperata cylindrica* 'Red Baron'.

Das Echte Mädesüß *Filipendula ulmaria* 'Variegata', die Montbretie *Crocosmia* 'Lucifer' und Sämlinge von *Angelica gigas*, Patagonischem Eisenkraut *Verbena bonariensis*, *Verbena hastata* und der Gelben Katzenminze *Nepeta govaniana*. Die Zufälligkeit der Sämlinge (auch der Fingerhut *Digitalis ferruginea* ist dafür in unserem Garten wichtig) zwischen sorgfältig geplanten Staudenkombinationen bringt die gewünschte natürliche Wirkung.

Wind spielt für die Stimmung im Wiesengarten eine große Rolle. Besonders Gräser wie das Pfeifengras *Molinia caerulea* 'Edith Dudzsus' bewegen sich synchron in jeder Windböe. Wenn man den Wind im Garten sichtbar machen möchte, sind Gräser unverzichtbar.

Die Blütezeit der meisten Pflanzen des Wiesengartens liegt im späten Sommer. Das ist auch in natürlichen Gras- und Staudenvegetationen so. Der Frühling ist in diesen Pflanzengemeinschaften die Zeit der Geophyten, Knollen- und Zwiebel-

blumen, die mit ihren Speicherstoffen schnell wachsen und blühen können. Diese Rolle übernimmt im Wiesengarten der Zierlauch *Allium hollandicum* mit hunderten von violetten Blütenbällen zwischen dem frischen Grün der Stauden.

In den Prärien sind frische, frucht-
bare Böden, häufig an Gebüsch-
rändern, in Senken und auch in
Gewässernähe die Standorte des
Scheinsonnenhutes. Offensichtlich,
und wohl auch etwas glücklich,
können wir unseren Echinaceen
genau diese Standortansprüche
erfüllen. Ihre Vitalität und allgemein die Üppigkeit der Pflanzen
trägt viel zur natürlichen Wirkung
des ganzen Gartenteiles bei.

Scheinsonnenhut Echinacea 'White
Swan', Mannstreu Eryngium yuciifo-
lium und Sonnenbraut Helenium
'Loysder Wieck'.

Echinacea 'Alaska' und die fein
gefiederten Blätter der Silge Selinum
wallichianum.

Die Blütenfarben auf dieser Seite des Wiesengartens sind mit *Echinacea purpurea* auf die kühlen Töne beschränkt. Purpur, Blau und Rosa und dazu ein cremiges oder grünliches Weiß. Das ist der farbliche Gegensatz zu den gelben und orangen Tönen der Rudbeckien und *Helenium*-Sorten auf der anderen Seite des Wiesengartens.

Da die Blütenstände von *Echinacea* auch im Verblühen sehr haltbar sind und die Blütendolden des *Selinum* sich zu attraktiven Samenständen verwandeln, ändert sich die Pflanzengemeinschaft langsam zu etwas morbiden, nicht mehr ganz taufrischen, aber umso interessanteren Gartenbildern.

Die Blüte der Scheinsonnenhüte reicht, da immer wieder neue Blüten erscheinen, über viele Wochen von Anfang Juli bis zum ersten Frost. Über den gesamten Zeitraum ist die Silge *Selinum wallichianum* ein idealer Partner.

Die Rabatte der Scheinsonnenhüte
ist fast 50 Meter lang. Sie hat nicht,
wie die andere Seite des Wiesengartens, die offene Landschaft im
Westen als Hintergrund, sondern
im Osten eine Kulisse von hohen
Bäumen und Sträuchern.

Scheinsonnenhüte sind mit ihrer langen Blütezeit und dem langsamen Vergehen der einzelnen Blüten wie dafür gemacht, eine jahreszeitliche Dynamik und eine Natürlichkeit noch jenseits des Pflanzenlebens im Beet zu erzeugen. Es hat seinen eigenen Reiz, neben dem nun immer bunteren Herbstlaub der Bäume, die Farben im Beet langsam verblassen zu sehen.

Loge im Gartentheater

Eine Buchenhecke als Laube im Gartentheater. Rote Berberitzen, zu einer
Fläche geschnitten, sind die Bühne, dahinter die Stauden als Darsteller,
die Eschen im Gegenlicht bilden die Kulisse. Mit Heckenstrukturen und
Formschnitt schaffen wir die notwendige Balance zu der Natürlichkeit
in den Beeten.

Neben der Laube haben wir den „Berg" als ein Element aufgenommen,
mit dem wir an ländliche Gärten Norddeutschlands aus dem 19. Jahrhundert
erinnern. „Lug ins Land" wird solch ein „Berg" im Plattdeutschen genannt.
Ein Aussichtspunkt, auch wenn er nur etwas über einen Meter hoch ist, von
dem aus man gleichermaßen den Garten und das Land überblicken kann.

Im Osten, hinter den hohen Bäumen und Sträuchern, geht die
Sonne auf. Die Sonnenstrahlen im Dunst des Morgens beleuchten
wie Scheinwerfer einzelne Stauden in der Echinaceen-Rabatte.
Es sind perfekte Momente, in denen der Garten so harmonisch wie
selten als ein Teil der Natur erscheint.

perfekte Elemente

Abgesehen von Bänken und Sitzplätzen haben wir nur wenig Zierrat im Garten. Diese Wagenachse ist das Markanteste. In der hintersten Ecke des Gartens, unter knorrigen Weiden und inmitten der Stauden des Wiesengartens, sehen die Räder aus, wie irgendwann hier abgestellt und vergessen. Wenn man genauer hinschaut, entdeckt man, dass sie aus dem Jahr 1863 stammen.

Letzte Blüten

Im Oktober und November gibt es nur noch wenige Stauden, deren Blütenfarben zwischen den braunen und schwarzen Tönen leuchten. Der Dreiblättrige Sonnenhut *Rudbeckia triloba*, eine wertvolle Prärie-pflanze, gehört dazu.

Scheinsonnenhut, Indianernessel und, am schöns-
ten, die Karde bleiben noch bis in den Winter stehen.
Erst sind es die Samenstände, und dann die toten
Pflanzenskelette, die Raureif und Schnee sammeln.

In der naturnahen Gartengestaltung wird dem Aussehen der Pflanzen und Beete im Herbst und Winter,
sehr viel Bedeutung beigemessen. Als Piet Oudolf in
den 1990er-Jahren die Idee vom naturnahen Garten
mit neuen Stauden entwickelte, ging er sogar so
weit,  dass nur Pflanzen, die auch verblüht und abge-
storben gut aussehen, als gartentauglich betrachtet
wurden.

Wir wollen den Winteraspekt in unseren
naturnahen Rabatten nicht überbewerten.
Dafür sind die Momente mit idealem
Winterwetter in unseren Breiten einfach
zu selten. Wenn es daran geht, die Stauden
zurückzuschneiden, nehmen wir nur
wenig Rücksicht auf mögliche Winterstim-
mungen. Wenn aber trotzdem solche
Bilder im Garten entstehen, freuen wir uns
über die Zugabe.

Garten Moorriem

## Kontakt

Garten Moorriem
Ute & Albrecht Ziburski
Huntorf 1
26931 Elsfleth
Tel.: 0 44 85/46 29 04
E-mail: info@garten-moorriem.de
www.garten-moorriem.de

## Öffnungszeiten

Während der Gartensaison Freitag und
Samstag 14–18 Uhr, Sonntag 10–18 Uhr
(für Gruppen ab 10 Personen auch an
anderen Tagen nach telefonischer Vereinbarung). Die aktuellen Öffnungszeiten
sind im Internet veröffentlicht oder telefo-
nisch zu erfragen.

## Gärtnerei

Während der Öffnungszeiten und nach telefonischer Vereinbarung.

## Workshops

Einmal im Jahr findet im Garten Moorriem
ein ganztägiger Workshop zur digitalen Gartenfotografie mit Albrecht Ziburski statt. Den
Termin, Details und das Anmeldeformular
finden Sie im Internet.

Alle Fotos in diesem Buch stammen vom Autor.
Der Gartenplan auf Seite 5 stammt von Hubert Pohl.

Die in diesem Buch enthaltenen Empfehlungen
und Angaben sind vom Autor mit größter Sorgfalt
zusammengestellt und geprüft worden. Eine Garantie
für die Richtigkeit der Angaben kann aber nicht
gegeben werden. Autor und Verlag übernehmen
keinerlei Haftung für Schäden und Unfälle.

**Bibliografische Information der Deutschen
Nationalbibliothek**
Die Deutsche Nationalbibliothek verzeichnet diese
Publikation in der Deutschen Nationalbibliografie;
detaillierte bibliografische Daten sind im Internet über
http://dnb.d-nb.de abrufbar.

© 2012 Eugen Ulmer KG
Wollgrasweg 41, 70599 Stuttgart (Hohenheim)
E-Mail: info@ulmer.de
Internet: www.ulmer.de
Lektorat: Doris Kowalzik
Umschlagentwurf, Innenlayout und dtp:
Lohse Design, Heppenheim
Druck und Bindung:
Firmengruppe APPL, aprinta druck, Wemding
Printed in Germany

ISBN 978-3-8001-7778-3